LA ROYAUTÉ LÉGITIME

&

LA LIBERTÉ

QUESTIONS ACTUELLES

PAR

CH. DU BOISHAMON.

PRIX : 30 CENT.

DINAN,

DE L'IMPRIMERIE BAZOUGE.

1871.

LA ROYAUTÉ LÉGITIME

&

LA LIBERTÉ.

La France a été enserrée pendant six mois dans les griffes de l'Aigle de Prusse. Une grande étendue de notre territoire est occupé, et Paris a vu l'ennemi dans ses murs.

C'est le troisième bienfait de ce genre que nous procure, depuis un demi-siècle, la dynastie Napoléonienne, et nous le devons aussi, disons-le, aux diverses révolutions qui, depuis quarante ans, ont préparé le retour des Bonaparte.

La véritable voie dans laquelle la France devait marcher lui avait été tracée par le dépouillement des cahiers de 1789, où étaient consignées les aspirations réelles de la nation.

Malgré les grands mots de progrès, elle a souvent

décliné, et, depuis quatre-vingts ans, elle n'a eu que quelques intervalles lucides, de rares intermittences. On dirait parfois un fou qui, lorsqu'on le croit guéri, est pris de nouveaux accès de rage.

En fin de compte, où en sommes-nous ? — L'étranger vainqueur nous tient le pied sur la gorge ; la vie est arrêtée ; plus de commerce, plus de travail, plus d'arts. Nul n'est sûr de son lendemain ni de sa fortune ; tous les principes sur lesquels reposent la sécurité et les garanties des citoyens ont été violés ; on a vu la non-rétroactivité, ce palladium du droit français, ne plus protéger les existences, livrées à un bouleversement général ; les lois ont été méconnues par ceux qui devaient les faire observer.

Encore, si cette perturbation sociale ne s'était produite qu'en vue de la défense du pays, nul ne se fût plaint ; mais quand on songe qu'elle n'a eu lieu qu'en faveur d'une infime minorité de la nation française, on est honteux d'avoir subi un pareil joug, que, sans la crainte de jeter un nouveau trouble au milieu des malheurs du pays, l'on eût bien vite secoué.

Si, comme il faut l'espérer, la débauche démagogique doit avoir, à Paris, une fin prochaine, et que les armées allemandes reprennent leur mouvement de retraite, la question radicale sera ensuite la reconstitution du pouvoir en France.

Au moment où j'écris, une Assemblée Nationale est réunie, et beaucoup désirent que cette Assemblée donne une nouvelle Constitution au pays. Tout le monde, en la voulant à sa guise, la veut néanmoins forte et stable. Très bien. Mais, de toutes celles à qui chacune des Assemblées, que nous avons vues défiler depuis quatre-vingts ans,

a entendu conférer l'éternité, combien en reste-t-il debout?
Même la dernière, treizième ou quatorzième du nom, qui
pourtant était sanctionnée par huit millions de suffrages,
où est-elle maintenant ?

Votre Constituante établira-t-elle définitivement la République, avec un Président soit à temps, soit à vie ? Je n'en-
tends pas une République *du bon plaisir* comme celle que
nous avons eu le bonheur de posséder depuis le mois de
septembre 1870 ; mais une République qui puisse être
acceptée par les honnêtes gens.

Le sol français n'est guère apte, je crois, aux institu-
tions républicaines, et, quelque concours loyal que leur
prêtent les hommes d'ordre, elles seront toujours battues
en brèche, (1) si elles reposent sur des bases acceptables
pour tout le monde, par cette tourbe de fanatiques qui
veulent en exagérer le principe, aux dépens de la liberté
et de la sécurité du pays, deux choses qui ne peuvent
exister qu'avec un ordre permanent.

Si cet ordre est remis en question tous les quatre, cinq,
et même tous les dix ans, la prospérité de la nation sera-
t-elle irrévocablement garantie? Sur quoi repose cette
prospérité? Sur la propriété, qui est le fruit du travail du
passé, et sur le crédit, qui est le produit assuré du travail
du lendemain.

Et si l'ordre de l'Etat dépend d'un homme que la mort
peut enlever à chaque instant ; s'il faut qu'au milieu de
compétitions de toute espèce, la nation soit obligée de
descendre sans cesse dans l'arène des comices, pour se
choisir un chef, n'y a-t-il pas au bout de cela une série

(1) Cette phrase était écrite le 20 février 1871. Les événements
de Paris ne la confirment que trop.

d'interminables révolutions qui ne peuvent que conduire le pays à sa perte ?

Tout ce que je viens de dire d'une République peut s'appliquer à une Royauté élective. Voyez la Pologne et tant d'autres Etats disparus par suite du principe électif, qui a miné et détruit finalement leur existence en *changeant leurs constitutions primitives.*

Voici ce qu'écrivait, en 1849, un publiciste distingué, Alexandre Weil :

« Avec le pouvoir électif, toutes vos forces s'épuiseront
» dans des querelles de personnes et de partis. Tandis que
» d'autres peuples se poseront facilement la question :
» *Comment* l'on doit gouverner, vous passerez des années
» entières à disputer sur la personne *qui* doit régner. Eux
» s'occuperont des choses à faire qu'ils feront ; vous vous
» occuperez à faire des hommes qui ne feront rien. Ils
» agiront, vous vous agiterez ; ils useront, vous abuserez
» de tout.

» Pour eux, le mouvement organisé sera un germe
» fécond de vie et de prospérité. Vous, au contraire, avec
» votre mouvement fébrile, perpétuel, et partant stérile,
» vous ressemblez à des taupes qui remuent continuelle-
» ment la terre, empêchant toute semence de germer,
» dans l'espoir de voir éclater le jour. Encore quelque
» temps de ce régime, bientôt, hélas ! la France même
» sera atteinte dans son territoire, et le pays, déchiré par
» les factions se disputant le pouvoir, non pour *gou-*
» *verner,* mais pour régner, sera inévitablement la proie
» des nations possédant un pouvoir uni, stable, hérédi-
» taire, pour qui le mouvement des idées, ne portant que

» sur des réformes administratives, est nécessairement une
» source de progrès, de croissance et d'agrandissement.

» Il n'y a qu'un seul fléau, une seule guerre qui empêche
» la France de remplir toute sa mission, de donner toute
» la mesure de sa force : c'est la guerre entre la Démo-
» cratie et la Monarchie. Encore quelques années de cette
» lutte, et la France si riche, si belle, si noble, si ardente
» pour le bien, sera la dernière des nations, appauvrie,
» enlaidie, endolorie, partagée enfin en tronçons san-
» glants, dont les membres mourants seuls palpiteront en
» guise de cœur. »

Paroles, hélas ! trop prophétiques, qui ne sont aujour-
d'hui malheureusement que de l'histoire d'une saisissante
et douloureuse vérité.

Mais, me dira-t-on, voyez le Saint-Siége ; voyez l'Amé-
rique et la République des cantons suisses.

La réponse est facile. Si ces Etats subsistent ainsi, c'est
que, pour eux, le principe électif est l'essence de leur
constitution primitive ; c'est, chez eux, LA LÉGITIMITÉ !
et voilà pourquoi, en France, je donne le nom de Légitimité à l'hérédité monarchique, parce que, depuis quatorze
siècles, cette hérédité est la constitution du pays.

Bien des gens combattent ce principe d'hérédité, comme
incompatible avec la Liberté.

C'est une grave erreur. Au contraire, l'hérédité est la
sauvegarde de la liberté, toujours compromise par les
nouveaux gouvernements, qui, pour s'installer, ont be-
soin de despotisme et d'arbitraire, tandis que la liberté,
vu la nécessité pour elle des transformations successives,
découle sans effort et sans secousse, à l'abri d'un principe

de gouvernement incontestable et incontesté. Je ne puis
mieux confirmer cette idée que par une citation encore
empruntée à Alexandre Weil :

« L'hérédité seule, en effet, représente l'ordre sans solu-
» tion de continuité. Sans cet ordre incarné, rien ne peut
» exister. Qu'importe qu'il soit représenté par un génie,
» par un homme, une chose, un signe. Un siége même,
» un trône y suffit. L'essentiel, c'est que l'idée de l'ordre
» soit toujours présente, permanente et intacte, afin que,
» par ses rayonnements, on reste sur le chemin de la
» liberté.

» Le pouvoir donc, représentant l'ordre, doit être
» immuable, inviolable, c'est-à-dire, chose sacrée et éter-
» nelle comme la Divinité.

» Mais si le pouvoir, comme tel, règne, la Liberté doit
» gouverner.

» Le pouvoir, comme règne, c'est l'hérédité. La Liberté,
» comme gouvernement, c'est l'élection, représentée par
» le suffrage universel.

» La Liberté n'est pas immutable. Elle change selon
» les intérêts, le temps, le climat et les mœurs des peuples.
» L'ordre n'est pas local ; il est ubiquiste toujours, comme
» la Divinité dont il émane. La liberté, au contraire, est
» le fruit du sol et des mœurs. Elle change de face, de
» besoins et de langage. Aussi est-elle représentée par
» l'élection, qui est le changement, c'est-à-dire, le pro-
» grès, la transformation en permanence.

» Et si l'ordre seul, représenté par le pouvoir hérédi-
» taire, venait à dégénérer en despotisme, il serait néces-
» sairement tempéré par l'élection, représentée par la
» Démocratie et la Liberté.

» En sorte que l'ordre règne et que la Liberté gou-
» verne. »

Pour développer cette thèse de *la légitimité*, si mal
comprise, je ne puis mieux faire que de citer un des plus
illustres vétérans de la publicité, M. Laurentie :

« On ne comprend pas assez que ce mot de *légitimité*
» s'applique à tout ce qui constitue le droit, soit par rap-
» port à ceux qui commandent, soit par rapport à ceux
» qui obéissent.

» Dans la juste notion du *droit*, ni le commandement
» n'est sans règle, ni l'obéissance sans liberté.

» La Liberté est légitime comme l'Autorité.

» Dans le droit légitime, tout est réglé ; rien n'est arbi-
» traire, rien n'est désordonné, rien n'est extrême : le
» pouvoir est contenu dans son commandement, le sujet
» est libre dans son obéissance. De là un ensemble d'orga-
» nisation politique où le pouvoir a son indépendance, où
» le peuple a son intervention, où tout est en commun, où
» rien n'est confus ; où le pouvoir a l'initiative des lois,
» où la nation a la liberté des contrôles ; grand système
» de *représentation* publique, où tous les intérêts sont
» défendus, parce qu'ils sont l'intérêt de tous, où chacun
» est libre, où chacun est fort, parce que nul ne prévaut
» sur personne, parce que LA LÉGITIMITÉ couvre toutes
» les conditions, celle de l'enfant au berceau, comme dit
» Bossuet, celle du grand et celle du petit, celle de l'aban-
» donné, celle du déshérité, celle de l'infirme, et même
» celle du criminel et du révolté, car la justice est réglée
» et n'est jamais de la violence et de la fantaisie.

» Voilà l'ordre politique que nous résumons dans ce
» grand mot de LÉGITIMITÉ, que la foule des frivoles ne

» comprend pas, et dont le sens s'applique à toutes les for-
» mes raisonnables et connues de gouvernement, à la Répu-
» blique des cantons suisses, à la République des Etats-
» Unis, comme à la Monarchie de France, ou à l'Aristocra-
» tie d'Angleterre, ou au Gouvernement centralisé de tout
» pays où subsiste l'idée d'ordre social, telle qu'elle dérive
» du Christianisme ; car, hors du Christianisme, il n'y a
» pas d'ordre, pas de liberté : la liberté est anarchie, et
» l'ordre, c'est l'abrutissement sous le despotisme. »

On fait des objections philosophiques à cette thèse de l'hérédité du pouvoir.

« Le peuple, dit-on, votera toujours pour un homme de
» génie, tandis que la succession héréditaire peut imposer
» au peuple un prince peu capable, vicieux même. »

Dans une Monarchie absolue, ce pourrait avoir en effet des inconvénients, mais dans une monarchie constitutionnelle, telle que la veulent aujourd'hui les partisans de l'hérédité, là où la loi seule est la règle de toutes choses, cet inconvénient passager ne peut exercer une grande influence sur la destinée des Etats.

Quant aux hommes de génie portés au pouvoir par la masse, le nombre en est bien petit dans l'histoire du monde.

Voyons, dès les temps primitifs, comment s'exerça le suffrage des masses : à Moïse, il préféra le Veau d'Or, et les ancêtres de M. Crémieux acclamèrent Barrabas.

Une grande partie des rois élus étaient de grandes médiocrités : David, qui installa Salomon, l'avait été lui-même par Samuel. Si Saül fut élu par le peuple, ce fut à cause de sa beauté corporelle.

Que devinrent Aristide, Thémistocle, Socrate, Phocion chez les Athéniens, qui, suivant la remarque d'un judicieux écrivain, « donnaient des majorités à Hyperbolus et à » Colon, absolument comme le peuple de Paris votait en » 1848 pour Albert et Caussidière.

» La masse n'a jamais aimé ou porté au pouvoir que » des tribuns violents ou des médiocrités mielleuses. Son » génie, comme vote, va jusqu'à l'homme de guerre. Le » peuple adopte le génie seulement quand il s'est imposé » par la force du fait accompli. »

On objecte encore : « Les peuples ne sont plus faits » pour les rois. »

Ils ne l'ont même jamais été. Les bergers sont faits pour les troupeaux, et non les troupeaux pour les bergers. Heureux les peuples qui ont su garder les pasteurs choisis par Dieu, pour les guider et les protéger !

« Une Constituante, disent d'autres, n'aurait ni le droit » d'instituer un pouvoir héréditaire, ni de reprendre la » tradition interrompue de ce pouvoir, parce que la géné- » ration d'aujourd'hui n'a pas le droit d'engager les géné- » rations futures. »

Mais la génération actuelle, qui est la mère de celles à venir, n'a-t-elle pas le droit de leur tenir ce langage :

Voyez quelles secousses a éprouvées notre patrie ; voyez quels malheurs elle a subis depuis qu'elle s'est soustraite au principe qui fit sa force pendant tant de siècles, principe d'après lequel son territoire a été fait ce qu'il n'est plus malheureusement aujourd'hui.

Pour l'ordre, il faut une base héréditaire, et le sys- tème électif pour la liberté. Voilà les deux seuls moyens de faire marcher un gouvernement. En dehors de là, des malheurs sans fin, la mort et le néant, qui nous menacent sans cesse.

Que serait la France, à l'heure présente, si la Révolution de 1830 ne l'eût jetée en dehors de ses voies ?

C'est surtout maintenant, quand notre intégrité est entamée, précisément par suite de cette imprudente folie qui allait, disait-on, reculer les limites de notre territoire, c'est aujourd'hui qu'il faut se reporter à quarante ans en arrière.

D'irrécusables documents ont établi qu'en 1829, le Gouvernement du roi Charles X eut le projet de poursuivre la révision des traités de 1815, et qu'en 1830, un grand changement diplomatique se préparait dans le monde ; il ne s'agissait de rien moins que de rendre le Rhin à la France.

Des négociations avaient commencé à ce sujet entre le cabinet de Saint-Pétersbourg et celui des Tuileries. Voici quelles en auraient été les bases :

« La France et la Russie contractaient une alliance
» étroite, spécialement dirigée contre l'Angleterre, qu'il
» s'agissait d'isoler. La France reprenait les provinces
» rhénanes. Du Hanovre, enlevé à la Grande-Bretagne,
» on faisait deux parts, destinées, l'une à indemniser
» la Hollande, l'autre à désintéresser la Prusse, dont
» on aurait en outre arrondi les domaines par l'ad-
» jonction d'une partie de la Saxe aux provinces prus-
» siennes de la Silésie. On assurait à la Saxe et à
» l'Autriche des dédommagements, et, entre autres,
» une partie de la Dalmatie non possédée, et de l'une

» des deux rives du Danube. La Russie occupait la
» rive opposée. »

Tel était l'état des choses, lorsque la France crut devoir
détourner un moment les yeux de ces projets pour entre-
prendre la guerre d'Alger.

M. Thiers n'a pu ignorer ces négociations diplomati-
ques. Quand il allait naguère en conférence au camp du
roi de Prusse, à Versailles, et qu'il jetait, dit-on, sur Paris
un long regard voilé de larmes, qui sait si le souvenir de
ces négociations d'autrefois n'est pas venu l'assaillir, et s'il
n'a pas senti passer sur son âme comme un regret d'avoir
été l'un des premiers à provoquer les événements qui firent
rentrer la France dans la voie des révolutions et empêchè-
rent l'exécution des plans d'agrandissement que je viens
de rappeler ?

« Mais, me dit-on encore, le principe que vous défendez
» n'a pas plus sauvé la Monarchie héréditaire en 1830
» que les dynasties Orléaniste et Napoléonienne, qui,
» toutes les deux, avaient inscrit l'hérédité en tête de
» leurs Constitutions. »

Ici, une distinction doit être faite. La Monarchie n'a été
renversée en 1830 que par *la négation* du principe qu'elle
représentait, le seul qui ait pu produire, en France, la
succession dans une dynastie.

Louis-Philippe n'est tombé que par les conséquences
nécessaires du fait qui l'avait porté sur le trône, et par
l'application de ce même principe d'insurrection, en vertu
duquel il régnait. Il avait méconnu l'hérédité ; elle ne lui
a pas été accordée dans ses enfants.

Napoléon est tombé par expiation des abus de cette
force militaire qui lui avait ouvert les portes du pouvoir.

La République de 1848 s'est abîmée, après les journées de Juin, dans l'exagération de ses théories.

Il est des faits desquels il résulte évidemment que l'immense majorité des hommes d'ordre, en France, est pour l'hérédité.

Combien n'a-t-elle pas été saluée de fois dans la descendance du roi Louis-Philippe, à qui tant de gens promettaient l'éternité de sa dynastie !

Il y a un an à peine, les mêmes démonstrations n'avaient-elles pas lieu en faveur du futur Napoléon IV ?

Mais tous ces vœux allaient là où ils ne devaient pas aller. « Dieu seul est grand, » s'écriait Massillon. Aussi Dieu s'est joué de toutes ces protestations, qui se produisaient à faux , puisqu'elles proclamaient l'hérédité en dehors de l'héritier.

Dans l'incertitude des événements futurs, encore voilés aux yeux de tous, l'avenir de la France est le secret de Dieu.

Mais on peut toujours dire, avec le vénérable M. Laurentie :

« Il faut à la France un régime sauveur, l'inverse du
» régime qui a voulu, qui a fomenté, qui a créé le désor-
» dre le plus complet qui se soit vu chez une nation, par
» la perversion des idées et des mœurs, et par le cynisme
» et l'impiété.

» Il faut enfin, à la place des Saturnales, un retour de
» dignité et de vertu, et en un seul mot, à la place de
» l'athéisme social, il faut la politique chrétienne. Il le
» faut pour le salut de la France ; il le faut pour le salut
» de l'Europe ; car si le dévergondage anti-chrétien

» devait survivre aux crises effroyables que nous traver-
» sons, il n'y aurait qu'à écrire sur les poteaux, à chaque
» frontière des vieux Etats : « Fin de l'Europe civilisée,
» règne des Barbares. »

Si la nouvelle Constituante, appelée à rétablir un gouvernement, et nommée, sauf une minime fraction, contre
la République, vient à reconstituer un pouvoir héréditaire
en dehors de l'héritier que Dieu semble avoir conservé au
milieu de tant de périls, pour fermer l'ère des révolutions,
dont aucun essai ne reste plus à faire, je puis lui prédire,
sans craindre de me tromper, que ce sera seulement
« changer les béquilles d'un perclus, » et qu'au lieu de
clore un abîme, elle ne rendra que plus béant le gouffre
où la France ira finalement sombrer, pour avoir méconnu
le salut qui lui était offert.

Après toutes les épreuves que nous avons subies et celles
que nous subissons encore aujourd'hui d'une manière si
terrible, ce salut ne peut venir que de la royauté légitime,
appuyée sur l'union de tous les Princes de la maison de
Bourbon, travaillant, avec le Chef auguste de leur famille,
à l'œuvre si nationale de la conciliation de tous les intérêts
et de l'oubli de toutes les anciennes dissensions. Ce prince,
mûri dans l'exil, ne serait ni le roi d'une caste, ni le roi
d'un parti, comme trop de gens paraissent le craindre.

M. le comte de Chambord veut bien prendre lui-même
le soin de les rassurer. Voici le texte d'une lettre écrite
par lui au duc de Noailles :

« Je sais toutes les difficultés que rencontre le retour au
» principe de l'hérédité monarchique, tant de la part de
» ceux qui le combattent que souvent même par le fait de
» ceux qui le défendent, et ces divers obstacles, je sens

» qu'il est de mon devoir de chercher, autant qu'il est en
» moi, à les faire disparaître.

» Aussi, me suis-je constamment efforcé de prouver,
» par mes paroles, comme par ma conduite, que, si la Pro-
» vidence m'appelle à régner un jour, je ne serai pas le
» roi d'une seule classe, mais le roi ou plutôt le père de
» tous. Partout et toujours, je me suis montré accessible
» à tous les Français, sans distinction de classes et de con-
» ditions. Je les ai tous vus, tous écoutés, tous admis à se
» presser autour de moi. Vous en avez été vous-même le
» témoin. Comment, après cela, pourrait-on encore me
» soupçonner de ne vouloir être que le roi d'une caste
» privilégiée ? J'ai toujours cru qu'il faut que toutes les
» forces du pays, que toutes les classes de la nation s'unis-
» sent pour travailler de concert au salut commun, y
» contribuant, les unes par leur expérience des affaires ;
» les autres par l'utile influence qu'elles doivent à leur
» position sociale. J'apprécie tous les services qui ont été
» rendus à la Patrie ; je tiens compte de tout ce qui a été
» fait à différentes époques pour la préserver des maux
» extrêmes dont elle était et dont elle est encore menacée.
» J'appelle tous les dévouements, tous les esprits éclairés,
» toutes les âmes généreuses, tous les cœurs droits, dans
» quelques rangs qu'ils se trouvent et sous quelque dra-
» peau qu'ils aient combattu jusqu'ici, à me prêter l'appui
» de leurs lumières, de leur bonne volonté, de leurs
» nobles et unanimes efforts pour sauver le pays, assurer
» son avenir, et lui préparer, après tant d'épreuves, de
» vicissitudes et de malheurs, de nouveaux jours de
» gloire et de prospérité. »

Je regrette que les bornes de cet opuscule ne me permettent pas de citer les lettres qui témoignent de la sollicitude de M. le comte de Chambord pour l'amélioration du sort des classes ouvrières.

Ce serait donc le Roi de tous.

Je puis en témoigner en connaissance de cause, moi qui ai eu l'honneur de l'approcher. Mais, de peur que mon témoignage ne paraisse suspect, je veux en emprunter un qui est incontestable, celui du républicain Charles Didier, après sa visite au royal exilé :

« Il eût fait, j'en suis convaincu, un excellent monarque
» constitutionnel. La nature de son esprit, son caractère
» même, étaient appropriés à cette forme de gouverne-
» ment, et son éducation a été dirigée dans ce sens.
» L'esprit de parti le représente comme un absolutiste, et
» c'est comme tel qu'il apparaît à la foule, du fond de
» son exil ; la vérité est qu'il n'y a peut-être pas en
» Europe un constitutionnel plus sincère que lui. Bien
» plus, sauf quelques idées modernes qui ont déteint sur
» lui dans ces derniers temps, et qu'il travaille à s'assi-
» miler, c'est presque un libéral de la Restauration. Je
» me hâte d'ajouter que c'est un libéral religieux, sans
» pourtant que sa dévotion dégénère, comme on l'avait
» dit, en bigotisme. Il n'est pas douteux que son aïeul
» Charles X et que Louis XVIII lui-même ne fussent
» énormément scandalisés de ses doctrines, et qu'il ne
» fût à leurs yeux un hérétique politique, un Lafayette
» royal. »

Henri de Bourbon, devenu roi de France, peut donc, seul, réaliser l'alliance de l'Autorité et de la Liberté, comme il le dit dans son dernier manifeste du 9 octobre

1870, dont on ne peut trop livrer les dernières paroles aux méditations des honnêtes gens de toutes nuances :

« Pénétré des besoins de mon temps, toute mon ambi-
» tion est de fonder, avec vous, un gouvernement vrai-
» ment national, ayant le droit pour base, l'honnêteté
» pour moyen, la grandeur morale pour but.

» Effaçons jusqu'au souvenir de nos dissensions pas-
» sées, si funestes au développement du véritable progrès
» et de la vraie liberté.

» Français, qu'un seul cri s'échappe de votre cœur :

» Tout pour la France, par la France et avec la
» France ! »

Cela ne vaut-il pas mieux que d'en être arrivé, après quatre-vingts ans de révolutions, au despotisme de MM. Glais-Bizoin, Crémieux, Gambetta et consorts, dont les actes peuvent se résumer par ces mots :

« Tout pour nous, par nous et avec nous. »

Monchoix, près Plancoët (Côtes-du-Nord), 3 Avril 1871.